L'ÉCOLO ALCOOLO AU DRUGSTAR

Jean-Michel Boiteux

L'écolo alcoolo

au

DrugStar

© 2021, Jean-Michel Boiteux

Édition : BoD - Books on Demand

12-14 rond-point desChamps-Élysées,75008 Paris

Impression : BoD –Books on Demand, Norderstedt,Allemagne

Crédits images : © Canva.com, © CleanPNG.com, © pngegg.com © Pixabay.com

ISBN : 978-2-3223-7716-9

Dépôt légal : Novembre 2021

Mon soleil a rendu l'âme
Qui a cassé le soleil ?
Il est mort d'un mélodrame
Dans la nuit en plein sommeil

Pas de veine pour ma ville, les artères sont bouchées.
Les bouchons sont sur roulettes et polluent toujours autant
les façades des maisons que nos poumons tout crachés.
Une vanne pour ma ville si l'eau coule tout le temps,
ou que la Terre se réchauffe, c'est grâce aux gouvernements.

Intro douce

J'ai écrit ce recueil de textes en pensant aux addictions. On peut être accro au chocolat, fervent de lectures, shooté par l'adrénaline du sport, boulimique de l'amour ou du sexe (je ne mélange pas, ou plus), mais on reste dépendant de l'alcool et addict des drogues dures, parfois même des plus douces.

Commençons par l'alcool qui est un fléau mondial. Il vaut mieux ne pas tomber dedans tout petit, comme Obélix dans la potion magique, car la force que vous aurez acquise sera trompeuse et ne sera ni dans les bras, ni dans la tête. De l'accoutumance à la dépendance, il n'y a qu'un pas. D'homme bon en assassin aussi, avec comme arme l'alcool et comme projectile une voiture par exemple.
Je ne juge pas ceux qui prennent des substances pour se sentir mieux, qu'elles que soient celles-ci. Je l'ai fait aussi dans une certaine mesure et j'ai su m'arrêter à temps. Tout le monde n'en a pas la capacité ou a peur d'aller plus loin comme ce fut mon cas. Avoir des addictions, c'est payer l'addition un jour ou l'autre et, Dieu merci, mon instinct m'a remis sur le bon chemin.
Je bois encore un verre ou deux en fin de semaine mais voilà tout. On a l'âge de ses artères comme on dit et je leur en ai fait boire de toutes les douleurs, ou un truc comme ça. Ma drogue douce à présent, c'est le chocolat.

Comme l'écologie me tient à cœur, et que je souhaite voir beaucoup de gens devenir écolo, je me suis permis de mettre mon grain de sel dans la politique de notre pays. Même si la politique par elle-même, telle qu'elle existe, me répugne à me faire gerber. Je préfère de loin la démocratie athénienne.

Je n'ai pas écrit ce recueil pour choquer mais pour peut-être faire réagir quelques uns des lecteurs qui se reconnaitraient parmi ces textes. Et si je devais n'en sauver qu'un de ses addictions et des conséquences qu'il subirait ou ferait subir à autrui, ce serait là mon vrai bonheur. Et si en plus je transmets le désir de devenir écologiste, alors c'est gagné ! Je souhaite par la-même vous distraire et vous faire sourire. Bonne lecture.

Au commencement…

Les gens se laissaient aller ces dernières années tant que tout allait bien pour eux, puis les choses ont commencé à changer. Le temps fluctuait de plus en plus vite allant de l'extrêmement chaud à l'extrêmement froid pour des pays n'y étant pas habitués. Les personnes du sud se réfugièrent en Europe pour échapper aux canicules frôlant les 60° C. Oui vous avez bien lu Celsius et non Fahrenheit. Et comme il fallait s'y attendre, tout ne se passa pas dans les meilleures conditions car la majorité des européens s'opposa à accueillir les réfugiés climatiques comme ils avaient l'habitude de le faire avec ceux de pays en guerre. Ce fut un massacre, une nouvelle Guernica, un holocauste. Mais ceux qui gagnèrent, car plus nombreux, furent les gens du sud, plus déterminés que jamais et n'ayant pas d'autres choix sinon de se laisser mourir de faim et de soif ou simplement succomber sous la chaleur du soleil. D'autres pays furent engloutis par la montée des eaux due à la fonte des glaciers. D'autres brulés vifs dans les incendies à répétition. Comment survivre à de telles atrocités si ce n'est émigrer dans les pays développés, où l'eau est encore abondante, la nourriture très bonne et saine dans un climat tempéré ? Et puis, à qui la faute si le monde tourne mal ? Qui en a profité jusque là ? La roue tourne un jour.

L'ÉCOLO ALCOOLO AU DRUGSTAR

Sommaire

1ère Partie – L'ÉCOLO

2ème Partie – L'ALCOOLO

3ème Partie – AU DRUGSTAR

1ère Partie

L'ÉCOLO

L'écolo, c'est l'histoire d'un mec, Thiébault, vert dans le cœur pas sur la peau ; il est bien né sur Terre. Il est vert écolo, et parfois d'un verre éclair, il boit un apéro, plutôt en solitaire. Il ne souhaite pas se faire passer pour un alcoolo, et là le vert éclair se lâche et l'écolo devient noir, lui qui est blanc d'ordinaire, même quand il prend un jaune en hiver et qu'il pisse de la mousse quand il boit de la bière. Bon, vous l'aurez compris, je vais vous parler d'écologie mais pas que. Alors si vous souhaitez prendre un verre, je trinque avec vous.

À la bonne vôtre !

01 - L'écolo alcoolo : Je fais le beau en écolo mais j'aime bien le pastaga, car c'est bien plus rigolo, avec toutes les gos et tous les gars, les gogos et les gagas.

02 - L'eau : Abondante sur Terre, certains manquent d'eau. Ils doivent faire des kilomètres sous une chaleur harassante afin d'aller puiser l'eau en profondeur. Que font les grandes puissances, les grosses entreprises pour aider ceux dans le besoin ? Nous ne manquons pas d'eau mais imaginez que ce soit de l'air dont nous aurions besoin et qu'il soit accessible à profusion dans un autre pays. Que ferions-nous une fois de plus, nous, soi-disant peuple civilisé ?

03 - La montée des eaux : Les inondations innombrables nous rappellent à nos devoirs. Prenons conscience du mal que nous infligeons aux autres espèces peuplant la Terre, et de notre responsabilité dans leur extinction face aux générations à venir. Nous coulons à pic dans les eaux tumultueuses des drames que nous avons engendrés. Saurons-nous un jour nous sauver du déluge ?

04 - J'fais des bulles : On le sait, l'avenir de la Terre est en danger et nos enfants aussi. Alors pourquoi certaines personnes se foutent de l'écologie comme de l'an quarante ? Ça m'horripile !

05 - Le manque d'eau : Pourquoi rester les bras ballants alors que nous avons du pain sur la planche ? Nous devons retrousser nos manches tous ensemble pour combattre les idées de gens comme Trump. L'eau manque déjà dans le Tiers-Monde. Alors ensemble, battons-nous ! Petits et grands, battons-nous ! Enfants de la Terre, battez-vous !

06 - Étudiant écolo : Faites comme Greta Thunberg. Laissez parler votre cœur et votre raison. La Terre a besoin de vous comme vous avez besoin d'elle.

07 - Le colibri : Vous avez tous entendu cette petite légende qui parle d'un colibri essayant d'éteindre un feu de forêt en allant de son bec récupérer quelques gouttes d'eau afin d'éteindre cet incendie. Les animaux au loin lui demandent pourquoi il s'acharne ainsi, puisqu'il ne pourra pas changer le destin fatidique de ces pauvres arbres bientôt carbonisés. Le colibri leur répond alors : « Peu importe ce que je fais, l'essentiel est que je fasse ma part ». Tout est dit. Tout seul on ne peut rien changer mais à plusieurs on est plus fort. Alors unissons-nous pour changer le monde. A-gis-sons !

08 - Dans le stress de Paris : J'ai vu certains parisiens quitter Paname pour aller vivre à la campagne. Faites de même « si » vous le pouvez. Changez de job, de maison, de moyen de locomotion. Recommencez à zéro, vous verrez c'est stimulant. Mais ne faites plus les mêmes erreurs. Profitez de changer de lieu pour changer vos mauvaises habitudes. Je sais, avec des « si » on fait beaucoup de choses.

09 - Mets du soleil dans ton auto : Les voyages forment la jeunesse, dit-on. Mais s'il faut voyager écolo, pensez à la possibilité des voitures électriques ; ou sinon au vélo. Laissez-vous pénétrer de poésie au cœur de votre vie, de soleil pour réchauffer votre âme.

10 - Je suis vent et soleil : Quoi de plus naturel que le vent et le soleil ? Vous pouvez même en abuser (sauf du soleil pour bronzer).

11 - Notre Terre mère : Quel héritage allons-nous laisser à nos enfants ? Un monde fragile, peut-être même aride. Ou bien après le réchauffement climatique, la défense de la Terre sera-t-elle une ère glacière ?

12 - C'est bien l'homme qui prend la Terre : L'homme dévaste tout sur son passage. C'est bien connu. L'homme est un loup pour l'homme. Face à la Terre, qui peut lutter ? Mais face à nous-mêmes, nous simples terriens, et face à notre extinction, pouvons-nous vaincre notre implacable destin ? La Terre est notre maison. Pensez-y.

13 - Déconvenue : Peut-être la Terre se défend-elle de nos agressions et peut-être gagnera-t-elle ? D'autres espèces survivront et la remercieront de les avoir sauvées.

14 - Le printemps : Un peu de poésie dans ce monde de brutes sanguinaires. Mais, les saisons étant bouleversées, le printemps chantera-t-il encore et enchantera-t-il encore nos cœurs ?

15 - Mon arbre : L'arbre c'est la vie. C'est comme les abeilles. Protégeons nos arbres et la nature en général.

16 - Mon saule amour : Une feuille de papier, c'est bien pour exprimer ses pensées. Une tranche de bois pour une tranche de vie. Mais quand la vie s'arrête, une feuille s'envole, une feuille morte nous renvoie au deuil.

17 - La musique c'est la vie : Que dire de plus, tout est dans le titre ! Certains voudraient nous l'interdire. Pour terminer, je souhaitais vous parler de l'obsolescence programmée. Nos appareils ménagers, nos TV, radios, etc. ont une durée de vie connue par ceux qui les fabriquent. Le remède ? Les petites associations de quartiers qui réparent pour presque rien nos bons vieux objets abimés par l'usure, par le temps. Un peu comme nous lorsqu'on vieillit. On a besoin d'un mécanicien du cœur, un plombier pour nos artères bouchées, ou d'un « Coeurdonnier » comme dirait Soprano pour nos peines de cœur pour ce monde en danger.

Alors si le coeurdonnier c'est nous. Allons-y, battons-nous !

Allez les verts !

Message aux climatosceptiques qui gouvernent ce monde :

Au lieu de vous en prendre aux peuples, comme à une jeune fille de dix-huit ans, sortez de votre cour d'école pour militer à nos côtés, ou, pour rester poli, occupez-vous de vos lingots, mais de grâce, arrêtez de vous ridiculiser de telle sorte, vous faites pitié.

1. L'écolo alcoolo

Je suis écolo mais ne bois pas que de l'eau
Un verre ou deux oui, mais juste un verre à la fois
Je ne voudrais pas que l'on me traite d'alcoolo
Et puis j'ai conscience que c'est mauvais pour mon foie

L'alcool bio c'est bon sans en boire jusqu'à plus soif
Un verre à la fois, boire avec modération
Je n'voudrais pas sur ma route qu'il m'arrive une gaffe
Alors avant de conduire, je fais attention

J'suis écolo
C'est bien plus rigolo
Qu'un piccolo
Qui devient ramollo

Écologistes jusqu'au-boutistes, c'est ça demain
L'avenir est triste si l'on ne pense qu'aux richesses
On ne peut plus vivre au-dessus de nos moyens
Pensons à nos enfants et au monde qu'on leur laisse

Économistes, l'avenir est entre vos mains
Faites de ce monde un rêve pour l'éternité
Mais pensez à baisser les taxes sur les vins
Je suis alcoolo dans la clandestinité

J'suis écolo
C'est bien plus rigolo
Qu'être alcoolo
Et finir en solo

Je suis écolo mais ne bois pas que de l'eau
Un verre ça va, je fais attention aux dégâts
Je ne voudrais pas que l'on me traite d'alcoolo
Même si c'est vrai, patron, un autre pastaga

2. L'eau

J'envie le soleil caressant longtemps les corps
Allongés sur le sable lui disant : « Encore ! »
J'envie sa chaleur pénétrant autant les cœurs
Que les flammes de l'amour dévorant nos peurs

Le soleil séchant Souchon c'est chaud, c'est chaud
Car trop de soleil, ce n'est pas bon pour la peau
Et Séchan Renaud, sachant tout ça, pense trop
Comme trop d'apéros, ça nous rend alcoolo

J'envie les bronzés s'éternisant à tourner
Leur épiderme sur les plages blanches sablées
J'envie les beaux rivages aux palmiers palmés
L'ile de la tentation aux secrets bien gardés

Quand le soleil au zénith règne sur les ombres
Le désert de sable d'Afrique se meurt, succombe
Mais quand l'eau manque à la vie pour chaque être au monde
Qui leur interdit d'en boire, les maitres du monde ?

3. La montée des eaux

L'eau que t'as souillée vient se venger dans les rues de ta ville
Elle dévale sur tes trottoirs, bouscule ta petite vie tranquille
Elle dévaste tout sur son passage, elle viole même ta maison
Puis viennent alors s'échouer ces bateaux tuant les piétons

C'est la montée des eaux
La panique est partout
On va tous couler
On va se noyer
SOS à la Terre
C'est l'invasion des mers

Des petites iles insignifiantes sous vos yeux vont s'engloutir
Sous les flots des océans puisque vous ne savez grandir
Les plus grandes décisions doivent se décider sur du long terme
Des populations en souffrent, que font donc ceux qui nous gouvernent

L'ile flottante, le septième continent, nait-il d'une parodie ?
Ce n'est surement pas le septième ciel et ni le paradis
Alors moi je vous le dis, c'est plutôt l'enfer des poissons
Des tortues, des dauphins, comme tu ris baleine, de ma chanson

C'est la montée des eaux
La panique est partout
L'invasion des mers
C'est aussi nous qui les envahissons
Par nos déchets
La vengeance est partout

4. J'fais des bulles

C'est un peu comme un écho
Quand la nature somme à l'homme
Qu'il consomme plus écolo
Elle nous le rend bien en somme

Le monde est à bout de souffle
Tant l'air pur se raréfie
Le poumon d'la terre s'essouffle
Respire l'air dont t'as envie

Dans mon bain, j'fais des bulles
Je m'en fous, je t'en chante
Des airs si majuscules
Qui pour beaucoup enchantent

Je m'en fous, je spécule
Et même si tu déchantes
Lorsque pète la bulle
Dans mon bain, moi je chante
Patibulaire pit-bull

L'eau manque de plus en plus
Or, elle n'arrête pas d'couler
Et toi tu ne comprends plus
Pourquoi l'économiser

Sur terre l'eau est abondante
Mais certains doivent s'en priver
Pense à ça lorsque tu chantes
Sur un air « décontrasté »

5. Le manque d'eau

Lorsque l'eau se perdra dans l'océan cosmique
Là votre soif s'étendra dans tout l'univers
Lorsque les lumières ne seront plus bibliques
Les astres vous guideront vers une autre Terre

Là vous y découvrirez un autre univers
Un monde éloigné de toute imagination
Et fesses face à la Terre vous perdrez vos repères
Face à l'amer, votre cœur perdra sa raison

Mes enfants battez-vous pour défendre la Terre
Combattez ardemment les adultes aurifères
Battez-vous, battez-vous, défendez votre Mère
Dame Nature assure que vous êtes sœurs et frères

Bien sûr un vent mauvais vous dira qu'il a plu
Comme tout le monde sait qu'il n'y a plus de saison
Que le beau temps perdu ne se rattrape plus
On vous dira de chercher d'autres horizons

Mes enfants battez-vous pour défendre la Terre
Combattez ardemment les adultes mortifères
Battez-vous, battez-vous, défendez votre Mère
Dame nature assure que le vent souffle vert

Mais qui donc peut vous dire d'aller chercher ailleurs
Un peu d'humanité alors que sur la Terre
Il suffit de creuser pour trouver le meilleur
Car en chaque personne se cache la lumière

6. Étudiant écolo

Que caches-tu dans ta nature
La pire de toutes les ordures
Que caches-tu de plus immonde
À te faire honte aux yeux du monde

Tu peux jeter ton dévolu
Sur un pouvoir bien révolu
Rien ne saurait masquer tes torts
Quand les ordures valent de l'or

Je suis de nature écolo
Et la nature c'est mon boulot
Mon gagne pain et mon dada
Comme le faisait déjà papa

Y a pas d'âge pour être écolo
Nous ne sommes pas des rigolos
Écoliers pas encore mature
Étudiant vraiment la nature

Alors à moi, on n'la fait pas
Ta politique je n'en veux pas
Je suis de nature écolo
Et la nature c'est mon boulot

7. Le colibri

Petit colibri
T'as encore du boulot
Pour nous mettre à l'abri
De tous les pyromanes
Et des gens inconscients
De jeter leur mégot
Sur la route face au vent
Aucun doute c'est un drame

Qui met le feu est sot
Ou alors est seau d'eau
Pour vous dire enfoirés
Que je suis effaré

Faites comme le colibri
Faites au moins votre part

8. Dans le stress de Paris

J'n'aime pas me lever tôt pour aller au boulot
J'n'aime pas mettre plus de temps, plus de temps qu'il n'en faut
Pourquoi faire tant de route afin d'gagner sa croute
Pourquoi toujours vouloir gagner sa croute que coute
S'agglutiner ainsi dans la même cité
Comme des mouches cantharides autour d'une poupée

Dans le stress de Paris
Les passants vont ainsi
Les yeux sur leur mobile
Passant pour des débiles
Dans la circulation
Subissant pollution
De ces automobiles
Pas vraiment très utiles

J'n'aime pas me lever tôt pour aller au boulot
J'n'aime pas mettre plus de temps, plus de temps qu'il n'en faut
J'n'aime pas perdre mon temps ainsi dans les bouchons
J'n'aime pas les gens ronchons, les vraies têtes de cochons

Pourquoi les entreprises sont-elles centralisées
Pourquoi n'pas s'étoffer et délocaliser
Y a tellement d'place ailleurs pour tous les travailleurs
Au milieu d'la campagne, la vie serait bien meilleure

Dans le stress de Paris
Les passants vont ainsi
Les yeux sur leur mobile
Passant pour des débiles
Dans la circulation
Subissant pollution
De ces automobiles
Pas vraiment très utiles

J'préfère passer mon temps, en caresses, en câlins
À prendre du bon temps, pendant qu'vous êtes en train
À la queuleuleuleu, tout l'monde en file indienne
Pendant que j'suis en train de lui montrer la mienne
J'prends l'temps quand j'prends celui de ma petite indienne

9. Mets du soleil dans ton auto

Tu vois l'hécatombe de la Terre
Au travers de tes meurtrières
Tu penses aux blessures familières
Qui inondent ton univers

Mets du soleil au fond de toi
Empli l'âme sœur de tes émois
La vie, tu ne l'obtiendras pas
Si tu ne réchauffes ton cœur las

Mets du soleil dans ton auto
Tu rouleras plus écolo
Tu voyageras sans fardeau
Et regonfleras ton égo

Parcours le monde et change-le
Ose !
Qui n'ose pas ne change pas
Ose !
Crie-le bien fort au monde entier
Qu'il faut changer pour le changer
Pour nous changer

10. Je suis vent et soleil

Trop longtemps la biomasse
N'a fait que m'enfumer
J'me fondais dans la masse
Pour ne pas m'embrumer

Aujourd'hui écolo
J'suis devenu autonome
C'n'est pas que d'la philo
J'suis aussi économe

Je n'suis pas CO2
Je suis vent et soleil
Je suis passé aux deux
Ma vie n'est plus pareille
Je n'suis pas CO2
Je suis vent et soleil
Même si c'est aux dieux
De faire bosser le ciel
Mon Dieu, que c'est odieux

Une voiture électrique
C'n'est pas c'qu'il y a de mieux
On connait la musique
Mais c'est un bon milieu

Entre le nucléaire
Le pétrole et l'charbon
Je préfère les éclairs
De génies au charbon

Je n'suis pas CO2
Je suis vent et soleil
Je suis passé aux deux
Ma vie n'est plus pareille
Je n'suis pas CO2
Je suis vent et soleil
Même si c'est aux dieux
De faire bosser le ciel
Mon Dieu, que c'est odieux

On n'a pas de pétrole
Mais on a des idées
Disait-on à l'école
Au siècle dernier

Aujourd'hui on en a
Du pétrole, des idées
Mais l'pétrole c'est comme ça
Ça brule les idées

11. Notre Terre mère

On s'aime, mais aime-t-on la vie
On sème, on sème à la folie
Des graines qui vont germer ainsi
Pousser dans un monde d'ennemis

On sème à la folie
Tant de graines jolies
Vont-elles pousser sans bruit
Éclore un soir de pluie
On sème à la folie
Des rêves de génie
Des enfants trop petits
Pour affronter la vie
En leur laissant ici
Un héritage maudit
Une nature pourrie
Une terre démunie

La Terre a enfanté toute l'humanité
Elle engendre souvent beaucoup de pluies d'amour
Ses enfants sauront-ils ou non la respecter
Notre Terre mère perd ses repères, crie « Au secours »
Notre Terre est amère et l'avoue au grand jour

On s'aime, mais sème-t-on la vie
Quand on s'aime, la vie est jolie
Parfois on oublie les ennuis
Si bien que la vie nous sourit

On sème à la folie
Mais ces graines jolies
Ne poussent que des cris
Pour éclore dans la nuit
On s'aime dans tous les lits
On sème tant de punis
Des hères, des sans-abris
Privés d'amour aussi
On s'aime pour la vie
Et l'on y croit ainsi
Mais le réveil maudit
Laisse un gout de moisi

On sème la vie mais l'aime-t-on
Aime ton prochain comme un fils
Aime « sa » Terre autant que ton
Univers bien égocentriste

12. C'est bien l'homme qui prend la Terre

La nature n'est pas morte
Pourquoi peindre des tableaux
La nature est plus forte
Que nous pauvres idiots

Nous salissons la Terre
Sous prétexte de croissance
La peur de la misère
Grandit notre insouciance

C'est bien l'homme qui prend la Terre
Et la Terre nous le rend bien
L'homme s'éprend même de son air
Mais la Terre prendra l'homme
Inexorablement
Alors autant qu'elle prenne son temps

Elle te prendra ton frère
Elle te prendra ta sœur
Comme elle t'a pris ta mère
Ce n'sera plus le bonheur

La pollution s'aggrave
Réchauffement climatique
Le temps devient pourave
Ça devient vraiment critique

On nous dit de réduire
C'bon vieux gaz carbonique
Qui nique ta mère et pire
Détruit au-dessus d'l'Arctique

Pas mal de couche d'ozone
Bientôt la planète Terre
Ne sera plus qu'une zone
Tu n'pourras rien y faire

Bientôt la planète Terre
Ne sera plus qu'une zone
Un véritable enfer
Ne sera plus sweet home

13. Déconvenue

La Terre se défend en vain de toutes ses armes
Avec ses glaciers, ses séismes et volcans,
Ses pluies diluviennes, tsunamis et ouragans,
Proche de l'agonie, appauvrie de tous ses charmes.

Mais dans un ultime effort, combattive au temps
Essaie de sauver sa croute d'une voie radicale
Contre les activités humaines du mal
Qui génèrent des souffrances aux autres habitants.

En étant rebelle de plus belle, oh mon dieu !
Ressortant des archives de son permagel
Le coronavirus comme maladie mortelle,
Sans compter le méthane en plus du CO_2.

Elle ravit la vie pour sauver celle des autres.
Êtes-vous ravis d'envie d'en arriver là
Ou d'un tout autre avis, votre vie s'en va là
Où le cœur à vif fait de son empathie vôtre.

Dans notre confinement, n'avons-nous pas vu
La pollution s'évanouir de notre atmosphère ?
Les bruits incommodants se dissiper dans l'air ?
Serions-nous des cons venus d'une déconvenue ?

14. Le printemps

Colore le printemps glacé
Par le réchauffement
Climatique, état critique

Colore la terre bleu pétrole
Ou vert pomme écolo
Rigole l'eau, l'arc-en-ciel

Le printemps est arrivé dans notre maison, maison
Mais on n'était pas là pour l'accueillir, et le cueillir
Cueillir les fleurs du printemps, à temps
Tant que l'amour est fleur des champs, des champs
Chante le plus beau de tous les chants, marchand
En marchant cueille et accueille le printemps

Colore ton cœur de joliesse
Comme solidarité
Pour aider et partager

Colore la vie des pauvres gens
De bonté et d'amour
De chandelles sur leur parcours

Colore ta mémoire virtuelle
De tendres paysages
En images, tourne une page

15. Mon arbre

Respire toute la pollution
Purifie l'air d'oxygène
Protège-moi de l'érosion
Fais que ma terre soit plus saine

Nourris-moi de tes bons fruits
Les plus doux, les plus juteux
Pour les offrir à autrui
Fais qu'ils soient des plus gouteux

Livre-moi tes plus belles planches
Meuble ma bibliothèque
Prête-moi ta plus belle branche
Pour écrire des chansonnettes

Effeuille-toi joliment
Sur mon corps ivre de vie
Offre-toi généreusement
Délivre-moi de l'ennui

Dessine-moi mon avenir
Sans omettre les tempêtes
Les coups de foudre à venir
Pour surmonter les échecs

Grave d'un cœur ton écorce
Aux initiales d'amoureux
Montre-moi où est la force
De l'amour si l'on est deux

Mon arbre je t'imagine
Être l'âme de la terre
Laisse-moi prendre racine
Auprès de toi centenaire

16. Mon saule amour

Ma tristesse au coin de l'œil
Tombe sur ma morte feuille
Qui, de mon saule coupé,
Fut tranchée pour du papier

Dites-moi qui de nous deux
De mon arbre ou de mes yeux
De pleurer continuera
Qui de son mieux le fera

On a tous perdu un jour
Une présence, un amour
Un être gorgé de vie
De beauté, de joie aussi

Depuis tout petit rêvant
Vivre l'infiniment grand
C'est fini puisqu'aujourd'hui
Son âme on la glorifie

Que son repos éternel
Enfante nos idées belles
Que naissent dans nos cerveaux
Les plus beaux des idéaux

Pour qu'une tranche de vie
Soit inscrite au paradis
Par cette tranche de bois
Je te l'écris de mes doigts

Quelle ne soit plus feuille morte
Mon Dieu ouvre lui ta porte

17. La musique c'est la vie

J'écoute sur les ondes numériques
Une chanson de Serge Gainsbourg
Elle est un peu… mélancolique
« Comme un boomerang », en retour

Mais au moment le plus critique
Où est dit : « Un jour je me flingue »
Ma radio claque, et je panique
Je n'vais plus pouvoir faire la bringue

La musique c'est la vie
C'est comme l'eau qui coule
Si on me l'interdit
Autour de moi tout s'écroule
Et moi aussi, je coule

Tout part à vau-l'eau, y a pas que moi
Qui au moment crucial tombe en panne
Je sais que l'on n'y peut rien, voilà
J'n'ai pas pris l'assurance qui dépanne

Mais il faut bien quelques sacrifices
Comme l'obsolescence programmée
Pour que certains fassent des bénéfices
Que le chiffre d'affaire soit assuré

[Petit pont glacial]

J'm'en fous, j'suis plus malin que les autres
J'connais un p'tit troquet où j'allais
M'noyer dans ma déprime les jours glauques
Une assoce y répare les objets

J'ai demandé : « D'quoi ma radio a l'air ?
- Elle n'a rien, m'ont-ils dit, trois fois rien »
Quand j'leur ai demandés : « Combien ça fait ?
- Rien de rien, m'ont-ils dit, l'air de rien »

[Petit pont givré]

Mon matos se sentant en état
J'vais pouvoir le brancher tout de go
Et m'écouter ce p'tit air là
« Comme un boomerang », duo Dani, Daho

Alors je vais pouvoir de nouveau
Faire la bringue, m'éclater, quelle vermeille
À fond dans mon casque en stéréo
Un peu marteau au fond d'mes oreilles

La musique c'est la vie
C'est comme l'eau qui coule
Si on me l'interdit
Autour de moi tout s'écroule
Et moi aussi, je coule

J'entends sur les ondes… frémir
Une chanson de Serge Gainsbourg
Que je trouve belle… à en mourir
Mais qui existe sans amour ?

Serions-nous à notre tour
Programmés dans un seul sens
« Comme un boomerang », en retour
Victimes de l'obsolescence ?

2ème Partie

L'ALCOOLO

L'alcoolo est l'histoire imaginaire d'un couple, Thiébault et Carla, où Thiébault rongé par l'alcool se fait larguer par Carla. Et il y a de quoi ! Je me mets dans la peau de Thiébault et fait de Carla ma nana afin de narrer une histoire amoureuse qui tourne au cauchemar et qui reflète encore de nos jours le triste destin de bien des femmes.

01 - L'alcoolo écolo : Je fais le fond des verres et j'essaie d'égaler Monsieur Bordeaux.

02 - Mai Tai : Tranquille avec ma copine sur une plage hawaïenne. Je picole un cocktail, le Mai Tai (qui se prononce Maita'i mais pour la phonétique de la chanson je le prononce maille taille ou Maï Taï). C'est un cocktail californien et « Mai Tai » est du tahitien qui veut dire « Le meilleur ». Il a été inventé par Victor Jules Bergeron Jr. Elvis Presley le popularise dans le film musical « Sous le ciel bleu de Hawaï » sorti en 1961.

03 - J'suis pas saoul, j'peux conduire : Carla me fait la morale sur l'alcool au volant.

04 - Souvenirs éthyliques : Je me remémore mes beuveries avec mes potes.

05 - Chef un p'tit verre : Je me prends pour un black et je m'en prends à la société des blancs.

06 - Y a du vent dans les voiles : Viré du bar, car trop bourré, je retrouve ma nana au pieu. Elle ne veut pas que je l'arrange.

07 - Thiébault : Ma nana me fait la morale pour ne pas changer.

08 - Pause café : Carla est grave vénère car j'étais pinté devant ses amies. Elle me vire car en plus d'être toujours bourré, je lui raconte des sornettes.

09 - Stop : Carla me quitte. Elle en a marre de moi, de mon alcoolisme et de subir mes assauts violents.

10 - Je suis saoul : Je délire grave sous les effets de l'alcool. J'imagine une pluie de météorites pour cacher ma profonde tristesse, à savoir mon amour dans d'autres bras. Alors, je m'imagine m'amuser, ou pas, avec mon docteur qu'est ce cher Docteur Mabuse.

11 - Mourir avec toi : Ma nana s'est tirée avec un homme, alors je me meurs à petit feu.

12 - J'peux pas dormir : Le Tout-Puissant s'amuse à m'empêcher de dormir.

13 - Aux alcooliques anonymes : Je vais aux alcooliques anonymes (un bar imaginaire), où se côtoient des mecs en déprime.

14 - Comme une cagole : Je remplace ma nana par une bière. Si une cagole est une fille vulgaire, une cagole peut en cacher une autre, car une Cagole, c'est aussi une marque de bière, sans vouloir lui faire de pub.

15 - Oh oui, oui, je sais c'est moche : Au bar du bal, j'me déglingue, et j'tringle les p'tits culs.

16 - Ma rillette : Ma rillette (ou Mariette) ou ma nana, je l'attends en passant le temps avec des putes. Jusqu'au jour où je m'endors dans le lit d'un pote que je prends pour ma nana.

17 - Mon anniversaire : J'arrose mon anniv et après avoir bu les fins de verres, j'demande à mon pote qu'il me ramène me coucher car je suis bourré. Mais là, mon pote me prend pour sa poupée.

18 - T'es Beaujolais : Le vin nouveau comme un renouveau ?

19 - Je suis rond : Je cherche à mettre ma vie au vert, car la cirrhose m'appelle vers le fond. Je vois mon avenir bien gris, à écrire mes mémoires en vers.

20 - Il tétait une fois… : Un bébé devenu adulte mais ivrogne et avec des problèmes au foie.

21 - Crash-cœur pour elle : Un infarctus causé par la bouteille. Car « elle », c'est une bouteille.

22 - Je suis tout feu tout flammes : Je suis un amoureux de la bouteille.

23 - Dis-le moi : Soirée entre hommes, torché à marcher sur mes genoux, à me taper un garde-fou. Je souhaite épouser Carla et pour ça je promets de ne plus boire.

24 - Reviens-moi ma chérie : Elle m'a sorti de ce poison qu'est l'alcool. À présent on couche ensemble de temps en temps, et j'aimerais que l'on habite de nouveau ensemble.

25 - L'amour c'est comme une eau-de-vie : La moralité de cette histoire, c'est que l'amour est plus fort que l'alcool. Quitte à faire le choix, autant faire le bon.

Je vous rappelle que l'alcool est dangereux pour la santé et qu'il faut boire avec modération.

Alcool info service :
0 980 980 930
De 8H à 2H, 7j / 7
Appel anonyme et non surtaxé
https://www.alcool-info-service.fr/

Violences Femmes Info : 3919
Écoute, informe et oriente les femmes victimes de violences, ainsi que les témoins de violences faites à des femmes.
Traite les violences physiques, verbales ou psychologiques, à la maison ou au travail, et de toute nature (dont les harcèlements sexuels, les coups et blessures et les viols).
Ne traite pas les situations d'urgence (ce n'est pas un service de police ou de gendarmerie. Si besoin urgent, contacter le 17 ou le 112).

Par téléphone
39 19 (appel gratuit depuis un téléphone fixe ou mobile)
Ouvert **24h sur 24 et 7 jours sur 7**
Appel anonyme
Appel ne figurant pas sur les factures de téléphone

1. L'alcoolo écolo

Y a tellement de déchets, de pertes
J'me suis dit qu'on peut mieux faire, certes
Je recycle le fond des verres
Faut pas déconner tout c'qu'on perd
Tous les fonds d'verres que je sirote
C'est pour qu'on ne me les carotte
Avant qu'ils partent chez l'abbé Pierre

J'suis comme on dit, un écolo
Un peu porté sur le goulot
Mais dans ce boulot, pas d'mystères
Égaler M'sieur Bordeaux, galère !
Il n'suffit pas d'être alcoolo
Moi, j'suis alcoolo écolo
Et vogue, vogue la galère

Allez Lolo, fais pas la tête
Viens boire un coup et faire la fête
Passe pour l'apéro au bistrot
Y aura surement quelques beaux lots
Peut-être quelques gros lolos

T'es pas beau gosse,
Un peu craignos
Un peu boloss
Qui l'a dans l'os
Un gros molosse

Mais non, j'déconne !

T'es un beau lot
Un peu bobo
Un peu Bordeaux
Au bord de l'eau
Pas Bonobo

Je n'connais pas la politique
Et pis vu comment ils nous niquent
J'préfère les parties d'jambes en l'air
Les autres font l'parti de n'pas m'plaire
J'préfère aux partis mes grelots
J'aimerais mieux voter alcoolo
C'est mon p'tit côté prolétaire

J'suis comme on dit, écologiste
J'suis arrivé à l'improviste
J'ai gagné l'gros lot, quelle affaire
Égaler M'sieur Bordeaux, galère !
Il n'suffit pas d'être alcoolo
Moi, j'suis alcoolo écolo
Et vogue, vogue la galère

Allez Lolo, fais pas la tête
Viens boire un coup et faire la fête
Passe pour l'apéro au bistrot
Y aura surement quelques beaux lots
Peut-être quelques gros lolos

Houlà, il te manque un peu d'swag
Mais viens quand même, ça fera le gag
Passe pour l'apéro au bistrot
Y aura surement quelques beaux lots
Et d'gros lolos pour toi Lolo

2. Mai Tai

Cocktail de bienvenue
Sur l'ile d'Oahu
Des serpentins, des confettis
La musique vibre mes envies

Cocktail de bienvenue
À Honolulu
C'est jour de paie, fête nationale
Le hula bat mon cœur bancal

Mai Tai
Cocktail d'Hawaï
À la paille c'est le meilleur

Du Rhum
J'cocotte l'alcool
Sous cocotiers hawaïens

Mai Tai
Y a que le Mai qui taille dans ma maille

Un verre à la main
Pour me sentir bien
J'te piste sur cette danse, en transe
La musique rythme ta cadence

Un verre à la main
Et dans l'autre un sein
C'est le tien que je tiens encore

La musique est d'accord major
Cocktail et j'm'endors
J'cocotte un peu fort
Par tous les seins de tous les saints
C'est les tiens que j'tiens dans mes mains

Mai Tai
Y a que le Mai qui m'aille

3. J'suis pas saoul, j'peux conduire

As-tu bien fait ta prière
Avant de prendre le volant
Avant ta dernière bière
De partir les pieds devant

As-tu bien fait ta prière
La der des ders du vivant
C'est peut-être la dernière
As-tu fait ton testament

On s'accroche à la vie
Mais on la risque aussi
On ne pèse pas assez
Le risque, le danger
Qui apaise la douleur
De nos proches quand on meurt ?
Pense à ça quand t'oses dire
« J'suis pas saoul, j'peux conduire »

Danger public au volant
Quand tu joues avec nos vies
La mort t'attend au tournant
Et celle des autres aussi

Quand tu te mets aux commandes
À part la peur du gendarme
Tu risques plus qu'une amende
Car ta voiture est une arme

Si tu te sens le plus fort
Tu n'en restes pas moins lâche
Et malgré tous tes efforts
Ton attention se relâche

De plus en plus dépendant
Tu bois à tous les repas
Ce n'est même plus bandant
Quand l'alcool te met au pas

On s'accroche à la vie
Mais on la risque aussi
On ne pèse pas assez
Le risque, le danger
Qui apaise la douleur
De nos proches quand on meurt ?
Pense à ça quand t'oses dire
« J'suis pas saoul, j'peux conduire »

Tu fais subir ta folie
Tes angoisses et ta violence
À ta famille, tes amis
Puis te mures dans le silence

Tu peux y perdre ton foie
Car tu risques la cirrhose
À picoler chaque fois
De l'alcool en overdose

Mais sans foie on ne vit pas
Et puis on n'a qu'une vie
Alors ne la gâche pas
Dans l'eau qui n'est pas la vie

4. Souvenirs éthyliques

Le taux d'alcoolémie
Dépasse le taux admis
Si fort que j'en remis
À tous les gens amis

C'est sûr que j'en ai mis
Pas mal que Jean dormit
Mais lorsque j'en ai mis
Dans sa bouche, il gémit

L'alcool est servi à ma table
Viens boire un coup à ma santé
Sans tes problèmes de société
Viens boire un p'tit coup à ma table

À la tienne la table
À la tienne la table
Buvons tous un coup
À la santé d'la table

À la tienne la table
À la tienne la table
Buvons comme des trous
Et roulons-nous dessous

Mes souvenirs éthyliques
J'aimerais qu'on les oublie
Si je suis alcoolique
C'est un peu par dépit

Le feu sous l'alambic
Me trouble mon esprit
Alors j'sens comme un hic
J'veux de l'eau à tout prix

L'alcool est versé dans ton verre
Viens boire un coup à ma santé
Sans ta femme pour nous engueuler
Viens te poiler autour d'un verre

C'est au tour du verre
C'est au tour du verre
Qu'on arrose tes vers
À la santé des verts

C'est au tour du verre
C'est au tour du verre
Qu'on arrose de bière
Les gens bien ordinaires

Ma vie est pleine d'addictions
Elle remplace mes érections
Je ne contrôle plus ma diction
Quand je vous parle d'éjections

À tes déjections
À tes déjections
Non non non non
Je parlais de mes éjections

Ah…tes éjections…
À tes éjections
Va donc les gerber
Aux chiottes tes éjections

À la tienne la table
À la tienne la table
Buvons tous un coup
À la santé d'la table

À la tienne la table
À la tienne la table
Buvons comme des trous
Et roulons-nous dessous

C'est au tour du verre
C'est au tour du verre
Qu'on arrose tes vers
À la santé des verts

C'est au tour du verre
C'est au tour du verre
Qu'on arrose de bière
Les gens bien ordinaires

5. Chef un p'tit verre…

J'suis pas de Liège et j'suis pas beige
Mais du Congo et j'aime la neige
Viens voir coco comment la blanche
Se poudre le nez le dimanche
Et puis comment les faces d'ivoire
Saupoudrent l'espoir dans l'histoire
Viens donc gouter à la banane
Allez, un p'tit cocktail barman
Viens ma brune qu'on rigole un brin
Prends une prune avant qu'j'prenne ton train
Avant que j'me retrouve chocolat
Qu'ça pue l'kiki, pipi, caca

Chef un p'tit verre on a soif (Ter)
On a soif, on a soif

La table est ronde comme je suis noir
Comme cette bonne blonde sur le comptoir
Mes mots s'enragent car je suis vert
Vert de rage et d'orage éclair
J'prends des châtaignes quand j'suis marron
Mais j'suis une teigne et j'suis pas con
J'veux un canon mais pas un rouge
Alors dégage, mec, vas-y bouge
J't'envoie au ciel sinon, le bleu
Fais-toi tout miel sinon il pleut
J'suis pas colombe, j'suis pas tout blanc
J'te montre ta tombe si tu tues l'temps
Si tu prends le cul-cul x-gland
J'te prendrais l'ass…censeur social

Chef un p'tit verre on a soif (Ter)
On a soif, on a soif

Parfois je jeûne mais je ris jaune
Au petit déj, un verre de jaune
Un coup d'grisou, je suis grisé
Pour quelques sous, j'suis défrisé
C'est de la prose à l'eau de rose
Pour une petite qu'il faut qu'j'arrose
Ses mandarines passent à l'orange
Et Clémentine, je me la mange
Un peu à sec sa p'tite violette
J'ai dû arroser sa minette
Je l'ai schtroumpfée cette schtroumpfette
En discothèque sur une banquette

6. Y a du vent dans les voiles

J'prends un pot sans impôts
Au bistrot d'à côté
Mais il y a du dépôt
Alors pourquoi payer

L'père Niflard reniflard
Sentant trop de saoulards
Appelle le père Fouettard
Qui sent qu'ça fouette, trop tard
Le salop part

Y a du vent dans les voiles
Putain, qu'est-ce que j'm'envoie
Faudrait pas que j'm'envole
L'alcool c'n'est pas pour moi

J'ai frôlé l'amnésie
L'dernier verre m'a saoulé
J'ai entendu cuicui
Au-dessus d'moi tournoyer

Devant la vacuité
D'mon nabuchodonosor
Ils m'ont dit « Va t'cuiter
Ailleurs, tu manques d'acuité, sors »

Ils pensaient, je parie
Que j'suis venu d'ailleurs
Alors comme dans l'artillerie
J'me dis : « Faut qu'j'me tire ailleurs

Y a du vent dans les voiles
Putain, qu'est-ce que j'm'envoie
Faudrait pas que j'm'envole
L'alcool c'n'est pas pour moi

Chérie, c'est moi mon ange
Comment ça j'rentre bourré ?!?
Comment ça, quoi ? Je penche ?
Toi tu penches, t'es beurré !

Si tu veux que j'te branche
Cette nuit, que je t'arrange…
Bah, pourquoi tu n'veux pas
Je pue d'la gueule…ou quoi ?

7. Thiébault

Thiébault
T'es beau, t'es beau comme ça
Plein comme la bouteille que tu bois
Vide de sens, vide de toi
C'est la bouteille qui te boit
Vidée de son essence
Elle t'a volé la tienne
Et la sienne devient reine
Pourrit ton existence

Thiébault
T'es beau comme un désert
Et tu prends cher aux courants d'air
Lorsque les vents te sont contraires
Que t'essaies de pisser par terre
Vidé de ta décence
Tu te vantes sans complexe
De ta descente au sexe
Eh ! À ta décadence

Tu trinques « À la tienne Etienne »
La bringue te traine puis t'entraine
Sereine, vers la nuit des temps
Tu kiffes la teuf sans gêne
Tu sniffes à en perdre haleine
Chienne est la vie qui t'attend

Thiébault
Thiébault comme ça t'es beau
Tu sais quand tu bois trop c'est trop
Tu as vraiment l'air d'un poivrot
D'un clodo sur le carreau
Vidé sans existence
Reviennent tes cafards
Dans ta vie le brouillard
Quand donc viendra ta chance

Thiébault
T'es beau comme ça tu sais
Quand tu regardes ton portrait
Que tu dis l'avenir promet
Tu pourrais faire ce qu'il te plait
Mais tu perds ta confiance
Et tu te fous de tout
Et tu te fous de nous
Tout n'est plus que défiance

Tu trinques « À la tienne Etienne »
La bringue te traine puis t'entraine
Sereine, vers la nuit des temps
Tu kiffes la teuf sans gêne
Tu sniffes à en perdre haleine
Chienne est la vie qui t'attend

8. Pause café

T'aurais bien aimé m'emmener danser
Mais t'es pas très doué avec tes pieds
Toi qui rêvais d'une pelle à m'rouler
Quel râteau t'as pris quand j't'ai baffé

Tu n'm'as même pas roulé de patin
Mais en plus tu t'es pris une gamelle
Devant mes amis, mais quel gadin
Comment tu t'es mangé la poubelle

Allez, viens faire la « Pause café »
Tu me diras « Ah ça c'est sûr, ah ça c'est sûr »
Tout ce que je veux à la césure
Viens faire la « Pause café »
Tu verras, c'est certain
L'amour au bout du chemin

Mais là, tu t'es cassé la binette
Ma sœur a cru que t'étais marteau
Complètement givré, comme t'étais chouette
Elle s'est fendu la pêche abricot

Tu es devenu rouge comme une tomate
Devant tout le monde qui avait la banane
De ne pas te voir tenir sur tes pattes
On t'aurait cru boiteux sans ta canne

Tu sais j'n'ai pas un cœur d'artichaut
Et si j'me fous parfois de ta pomme
C'est pour qu't'arrêtes de boire à gogo
Que t'arrêtes de t'prendre pour un surhomme

Tu me prends vraiment pour la bonne poire
Même si j'adore te faire la cuisine
J'en ai plus qu'assez de te voir boire
Alors je m'arrache de mes racines

Car là c'est la fin des haricots
Il n'y a pas qu'les carottes qui sont cuites
Tes mensonges, c'est la cerise sur l'gâteau
J'en ai marre d'tes salades, j'prends la fuite

Je m'en vais me cultiver ailleurs
Je laisse ton jardin à l'abandon
J'prends la clé des champs et du bonheur
Pour ouvrir mon cœur à d'autres saisons

Fini la « Pause café »
J'ferai tout c'que j'veux « Ah ça c'est sûr, ah ça c'est sûr »
Fini le pousse café
À tes côtés bébé
Je poursuis mon chemin
Et sans toi c'est certain

9. Stop

De gueule de bois en gueule de bois
Je bois sans soif, j'aboie sur toi
Je livre ce drôle de combat
Mais avec toi
Et comme je ne suis pas de bois
Je me livre ainsi dans tes bras
Et tu n'as vraiment pas le choix
De subir ça

Le plus fort gagne dans la bataille
Où tu te donnes jusqu'aux entrailles
Oh quitte à en perdre la vie
Mais aujourd'hui, c'en est fini

T'as dit : « Stop, ou je m'enfuis »
T'as dit : « Stop ! J'tiens à la vie »
Pas le temps de faire tes valises
T'es partie sans me faire la bise
T'as dit : « Stop, ou je m'enfuis »
T'as dit : « Stop ! J'tiens à la vie »
Moi comme un con je suis resté
Tout seul comme un chien bien dressé

Et depuis je compte les verres
Car je n'ai plus aucun repère
J'en oublie même père et mère
Même en hiver
Ma chère bouteille est mon alliée
Et cher elle me le fait payer
Le prix de la chair consommée
Forcée, violée

Je me retrouve sans consensus
Je suis vraiment qu'un con en plus
Car pour coucher dans l'avenir
La femme pour l'homme reste à chérir

T'as dit : « Stop, ou je m'enfuis »
T'as dit : « Stop ! J'tiens à la vie »
Pas le temps de faire tes valises
T'es partie sans me faire la bise
T'as dit : « Stop, ou je m'enfuis »
T'as dit : « Stop ! J'tiens à la vie »
Moi comme un con je suis resté
Tout seul comme un chien bien dressé

T'as dit : « Stop ! » Et c'est fini
« Stop ! » Un seul mot, j'suis fini
« Stop ! » En un mot t'es partie
Reprendre gout à la vie

10. Je suis saoul

J'veux plus qu'tu m'délaisses pour tes copines
J'supporte plus qu'tu m'laisses à l'aubépine
Est-ce pour tes copines que tu m'laisses seul
Ou as-tu rencontré une belle gueule

Je suis tombé malade de toi
Depuis l'toubib fait son cinéma
Moi, je tiens le rôle du con damné
Le docteur m'abuse, me v'là drogué

Je suis saoul, sous les toits
Je suis saoul, saoul de toi
J'voudrais monter sur le toit
Pour descendre plus vite en bas

Aujourd'hui c'est le bal des étoiles
Aujourd'hui elles fêtent le carnaval
Par mon toit une pluie d'météorites
Est passée au travers bien trop vite

L'toit pas content d'être comme du gruyère
M'a éjecté d'un d'ses trous hier
J'me suis pris des coups d'météorites
Ma maison ne veut plus que j'l'habite

Je suis saoul, sous les toits
Je suis saoul, saoul de toi
J'voudrais monter sur le toit
Pour descendre plus vite en bas

Je me suis rejoué la scène cent fois
J'ai compté mes erreurs sur mes doigts
Je n'ai pas le flair d'un bon limier
Je n'ai pas vu l'ennemi arriver

Pas le temps d'savourer l'osmose
On aurait dû s'avouer les choses
Mais se cacher derrière des non-dits
Nous a gâché les joies de la vie

Je suis saoul, sous les toits
Je suis saoul, saoul de toi
J'voudrais monter sur le toit
Pour descendre plus vite en bas

Je suis tombé malade de toi
Et l'toubib a fait son cinéma
Mais le film qu'on a joué est cassé
Depuis, le cinéma est fermé

Je me suis trouvé un nouveau rôle
Mais dans celui-là je suis moins drôle
Je reste couché et j'en abuse
Car l'docteur s'amuse d'être ma muse

11. Mourir avec toi

Du sel coule sur ma joue
C'est le piment de la vie
Telle une caresse dans le cou
Dispensée par des orties

Oh, je n'ai plus aucun doute
Sur celui pour qui tu vibres
Tu as pris une autre route
Tu voulais te sentir libre

J'voudrais mourir avec toi
Mourir avec toi
Mais je meurs à petit feu
J'voudrais mourir avec toi
Mourir en toi
Mais je me meurs peu à peu

Tu as mis la barre si haute
Que la mienne reste au plus bas
« Que tu reviennes » chante l'écho
Mais les violons n'y sont pas

Ton souvenir reste chaud
Ton odeur au bout des doigts
Et la douceur de ta peau
Voluptueuse tout contre moi

Et le sel n'en finit pas
De ronger ainsi ma vie
Et j'avance pas à pas
Mais je n'en ai plus envie

12. J'peux pas dormir

Quel est l'con qui a laissé les lumières allumées
J'voudrais pouvoir dormir dans le noir pour rêver
Déjà que j'suis couché sur de l'herbe mouillée
Tu vois, j'pourrais même pas la fumer pour planer

Je ferme les yeux, j'peux pas dormir
Là-haut, il prend un sacré plaisir
À m'priver d'sommeil, ça doit l'faire jouir
Pas besoin qu'on m'réveille, j'peux pas dormir

Dans le clair de la nuit de ce doux matin d'été
Avant que l'aube ne vienne, juste sous la rosée
Je bois mon dernier verre, un p'tit verre de rosé
Pas vraiment bien glacé dans ce matin d'été

Je ferme les yeux, j'peux pas dormir
Là-haut, il prend un sacré plaisir
Sur le gâteau, il pose la cerise
En sonnant mâtine les cloches d'église

Sous cette voute étoilée, j'me suis vu lui parler
Lui dire la souffrance des hommes, malgré toutes leurs forces
Il m'a répondu par des flèches de feu sacré
Que j'aie su décoder car je connais le morse

Je ferme les yeux, j'peux pas dormir
Là-haut, il prend un sacré plaisir
Cupidon décoche des flèches d'amour
Quand lui ne donne rien en retour

Pendant toute la nuit, de ce matin d'été
J'ai lu dans l'ciel la réponse aux questions posées
Le message est très clair, « Ça n'sert à rien d'prier
Prends en main ton destin, tu es né pour en chier »

Je ferme les yeux, j'peux pas dormir
En bas, je prends un malin plaisir
Sans sommeil, la vie ne sera pas pire
Si j'en chie plus bas, ça m'fera grandir

J'entends déjà jouer les orgues plus forts
Ils jouent pour moi, ils attendent ma mort
Privé de soleil, j'aurais d'quoi l'maudire
Pas besoin qu'on m'réveille, j'vais pas dormir

13. Aux alcooliques anonymes

Aux alcooliques anonymes
Y a plein de gens pleins sans nom
Et y en a même qui miment
Des ivrognes qui font non

Ils disent : « Non, je ne bois plus
Plus une goutte d'alcool
Depuis bientôt, oh bien plus
D'jours que je n'suis plus à la colle »

Aux alcooliques anonymes
Y a plein d'abimes sans fond
Car ils s'abiment et dépriment
Quand ils ne touchent pas de fonds

Moi je n'trime pas pour des prunes
Est-ce un crime ou pas de boire ?
Remettez-moi donc une prune
Non, mettez-moi plutôt une poire

Le soir je suis pénard
À boire mon vieux pinard
En rentrant du boulot
Je reprends du goulot
Je prends de la bouteille
Et reprends d'la bouteille

J'commence à m'déshydrater
Remettez-moi un canon
Non, pas d'eau ça fait rouiller
Allez s'il vous plait patron

C'est moi qui paie la tournée
Chef, un p'tit verre on a soif
Mais ne me faites pas tourner
Je sens que je pars en carafe

En rentrant du boulot
Je reprends du goulot
Je prends de la bouteille
Et reprends d' la bouteille

C'est moi qui paie la tournée
Remettez-moi un canon
Non, pas d'eau ça fait rouiller
Allez s'il vous plait patron

J'voudrais pas qu'il soit écrit
Sur ma tombe en épitaphe :
« Ci-git dans son dernier cri
Dans son dernier paragraphe

L'alcoolo tué d'un verre d'eau ! »

Alors s'il vous plait patron
Un dernier verre, on a soif

14. Comme une cagole

Les cagoles racolent
Mais quand elles collent aux fouilles
Comme des p'tites bêtes toutes molles
Telles des petites cagouilles

S'agglutinent en ventouse
Et t'enduisent de leur mouille
N'sont pas celles qu'on épouse
Mais sont celles qu'on souille

Ces cageots que t'enjôles
Et cajoles dans ton lit
Sont jolies en geôle
Comme tu les rêves la nuit

[Petit pont]

La mienne est différente
Ma Cagole en gros C
Car son pack fait les ventes
Pas besoin d'la pacser

Et si en bouche une blonde
Me cajole la luette
Qu'elle m'abreuve, qu'elle m'inonde
Plus d'place pour mignonnette

Une Cagole dans la main
Et dans l'autre mon p'tit bout
Quand tu l'as bien en main
Ça lui en bouche un trou

Refrain

Une Cagole sans alcool
C'est comme un Pastis
Sans anis
Comme une cagole
Sans artifice
Qui aurait ses bricoles
C'est comme un bouchon de Champagne
Qui n'pète pas quand tu lui secoues l'cul

À la pétanque quand tu t'la donnes
Un Pastis en bouche
Et une Cagole qui mousse
Eh Cagole, t'es trop franchement bonne !

C'n'est pas une blonde PT'ASS
Elle a du caractère
Elle n'est pas dégueulasse
Et pas du tout vulgaire

C'est drôle mais j'en raffole
Quand elle frôle mes lèvres
Mes papilles s'affolent
À m'faire devenir chèvre

Quand je la décapsule
Je perds vite ma voix
Car sitôt j'la bascule
Et puis je me l'envoie

Refrain

Pour finir en beauté
J'voulais péter l'champagne
Pour sûr j'l'ai bien pété
Mais chopé la cagagne

Et j'ai bien arrosé
En tête de vainqueur
Car je l'ai bien cherché
C'était à chier d'ailleurs

Même si j'n'ai rien gagné
J'ai embrassé Fanny
Qui était un peu fanée
Un petit pot pourri

Refrain

[En rap]

Les cagoles bavent comme des cagouilles
Bordées, réfléchies comme des nouilles
Comme cette portion d'hélix sire
Servi d'un très bon élixir

Vas-y prends ton élixir, ouais toi
Fourre ta cagole, fourre ta cagole !
Et puis laisse-moi, et puis laisse-moi
Boire ma Cagole, ouais ! Boire ma Cagole

15. Oh oui, oui, je sais c'est moche

De bar en bar, on se marre
Comme des cons de caves concaves
Qu'on vexe, alors je me barre
J'en ai marre des cons qu'on gave
Convexe, du marc et du café
Qu'a fait rien que d'me faire boire
Et bien pire, de m'faire pisser
Pisser d'rire dans l'urinoir

Au boui-boui, j'me tape des moches
Oh oui, oui, je sais c'est moche
Je couille les souillons de mon bled
Je fouille les ognons des plus laides
Je suis un bon à rien qu'a rien
Rien d'autre qu'un petit chien qu'a tout
D'un bon toutou touffu pas chien
Poilu d'la tête aux pieds partout

De zinc en zinc, j'fais la bringue
J'trimbale au bal mes baloches
J'me déglingue, d'plus en plus dingue
Tout le monde trinque au balloche
Au baltringue, je tringle sec
Je suis à fond d'calle, je calle
J'déglingue, j'prends à sec sans déc
Peau d'balle, j'n'ai pris qu'un trou d'balle

Au Naf-Naf, j'roule des galoches
Oh ouaf, ouaf, je sais c'est moche
Je roule des pelles et des gamelles
Je prends des beignes des plus belles
Je suis un bon à rien qu'a rien
Rien d'autre qu'un petit chien qu'a tout
D'un bon toutou touffu pas chien
Poilu d'la tête aux pieds partout

Au boui-boui, j'me tape des moches
Oh oui, oui, je sais c'est moche
Je couille les souillons de mon bled
Je fouille les ognons des plus laides
Je suis un bon à rien qu'a rien
Rien d'autre qu'un petit chien qu'a tout
D'un bon toutou touffu pas chien
Poilu d'la tête aux pieds partout

16. Ma rillette

Je n'suis pas fute-fute, mais flute
Faut pas m'jouer d'la clarinette
Si j'vais pas aux putes, pas d'flute
Tant pis, j'me taperais ma rillette

Elle m'attend depuis bientôt
Une semaine, un mois déjà
J'lui dirai combien de pot
J'ai d'elle dans ma peau, c'est gras

Gravement bon, j'suis bien trop gros
Je n'passe plus le mur du son
De toute façon, je n'suis pas pro
De l'impro, ne monte pas l'son

Ma rillette est au frigo
Elle m'attend au frais depuis longtemps
Elle est givrée d'moi c'est chaud
Je fonds quand elle graisse mon sang

Dans l'cimetière des globules rouges
En tête à queue, de cerise
J'rate la sortie, mon corps bouge
Monsieur le foie fait sa crise

Bourré bourre et rate à tant
Gerbé gerbe ou rate à mort
Je picole et colle autant
Que j'piquenique dans mon roquefort

Je picore et ça sent fort
J'garde pour demain mon haleine
Car là sur l'trottoir j'm'endors
Une fois de plus dans ma peine

Ma rillette est au frigo
Elle m'attend au frais depuis longtemps
Elle est givrée d'moi c'est chaud
Je fonds quand elle graisse mon sang

Mais là, j't'assure, je sursaute
Car là, Carla me réveille
Cette trainée m'susurre, « J'te saute ?
Ou traine ton envie, ou paye ! »

Alors…je l'ai payée
Malgré le fait d'avoir bu
J'étais bien trop excité
Mais après, j'me souviens plus

Car j'ai rêvé d'ma rillette
J'l'ai savourée de ma langue
Tout en faisant la cueillette
D'un abricot, d'une mangue

Ma rillette est au frigo
Elle m'attend au frais depuis longtemps
Elle est givrée d'moi c'est chaud
Je fonds quand elle graisse mon sang

En attendant ma rillette
J'ai une faim de loup immense
J'voudrais tremper ma mouillette
Carla, j'vais t'remplir la panse

« Merde ! Mais qu'est-ce que tu fous là ?
Qu'est-ce que tu fous dans mon lit Gérard ?
- Purée ! Désolé Bertrand… j'sais pas
Faut vraiment qu'j'arrête de boire !

- Bah ouais, tu devrais commencer
Et j'dirais même, dès aujourd'hui
- C'est ça, je vais y penser
Oui, dès… dès… dès aujourd'hui

17. Mon anniversaire

Encore un an de plus
Et c'est un an de trop
Mais j'me suis résolu
À supporter ma peau

Au moins jusqu'à cent ans
Encore un demi-siècle
À exposer mes dents
À trainer mon squelette

Ma carcasse, mes gros os
Mon p'tit cul, mon phallus
Rien n'est jamais trop beau
Au bout du processus

Cessus cessus cessus

J'vais en camp de nudiste
Sans pensées onanistes
Juste mater les lolos
Des nanas, de leur peau

Faut pas déconner, p'tain
J'ai plus de cinquante ans
Qu'est-ce que j'fous là putain
Oh non mec, on fout l'camp

J'mettrai pas l'feu au camp
Pourquoi y mettre le feu
Si c'est un camp décent
Réfléchis donc un peu

Quand elles dansent sur la piste
Et puis qu'ainsi se glissent
Sur les courbes de leurs seins
Des mains de types malsains
J'sais pas pourquoi j'm'excite
De ces formes qui m'invitent
De mes mains j'aimerais bien
Leur faire quelques câlins

Faut pas déconner, p'tain
Moi j'ai la cinquantaine
Qu'est-ce que j'fous là, putain
Allez mec, tu m'ramènes ?

T'inquiètes, j'vais pas t'baiser
Moi j'n'aime que les minettes
Mais là, seul, j'vais m'coucher
C'est p't'être con, j'sais, c'est bête

Mais là tu vois p'tit gars
Comme dit si bien l'dicton
Boire ou conduire, tu vois
Il faut choisir mecton

Mecton mecton mecton

J'crois qu'j'ai un peu trop bu
D'alcool dans tous les verres
À mon âge j'n'assure plus
Je n'suis plus vraiment vert

Car là tu vois comme ça
Je suis complètement rond
Un verre, ça va, mais trois…
Bon, tu connais l'dicton

Alors moi j'ai choisi
Faut pas t'en faire pour moi
J'suis mieux seul dans mon lit
Un anniv, ça s'arrose…ou pas !

Parc'que comme çà tu vois
J'suis dans un drôle d'état
J'voudrais bien mais j'peux point
J'suis bourré comme un coing
Eh mec, qu'est-ce tu fous là ?
Ouah l'autre, mais j'le crois pas
Tu m'prends pour ta poupée
Bouge de là, m'fais pas chier

Bon…d'accord, mais… vite fait

18. T'es Beaujolais

Beaujolais, Beaujolais, Hé !
Beaujolais, Beaujolais, Ho !
Le Beaujolais est arrivé
C'est le Beaujolais nouveau
Beaujolais, Beaujolais, Hé !
Beaujolais, Beaujolais, Ho !
Que tu sois beau ou bien laid
On s'en fout totalement, Jo
Puisque t'es Beau…, oui t'es Beau…
Puisque t'es Beaujolais nouveau
T'es le bobo Jo laid nouveau

Le Beaujolais ne vaut pas
Pas le bon vin de Bordeaux
Car l'beau Jo n'est vraiment pas
Beau, qu'il est laid sous l'tonneau

Mais tout le bon vin n'est pas bon
Car tout dépend de la cuvée
Les primeurs s'enrobent au fond
D'une lie d'être trop couvés

Beaujolais, Beaujolais, Hé !
Beaujolais, Beaujolais, Ho !
Le Beaujolais est arrivé
C'est le Beaujolais nouveau
Beaujolais, Beaujolais, Hé !
Beaujolais, Beaujolais, Ho !
Que tu sois beau ou bien laid
On s'en fout totalement, Jo
Puisque t'es Beau…, oui t'es Beau…
Puisque t'es Beaujolais nouveau
T'es le bobo Jo laid nouveau

Le curé a récuré
Tous les tonneaux et les futs
Il a fini de cuver
Tout le bon vin qu'il a bu

C'qu'il fit dans l'fut au fond j'm'en fous
Qu'il cuve son vin nouveau vomi
Ou qu'il avoue l'vœu pieux à vous
S'il fuite, le vieux au pieu, tant pis
J'm'en fous, j'vous suis, j'fuis avec vous

19. Je suis rond

Je vis dans une prison de verres
Complètement vides car je suis plein
Je cherche à mettre ma vie au vert
Car le vide de ma vie s'en plaint

Le teint si terne avant si rose
Parc' qu'en citerne j'ai vu le fond
Mais aujourd'hui c'est la cirrhose
Qui va m'enterrer bien profond

Je suis rond, rond
Comme une queue d'pelle
Je suis rond
Bien rond comme celle
Qui va m'enterrer pour de bon

Je suis rond, rond
Comme un boudin
Je suis rond
Si rond qu'à la fin
Je roule mais ne tourne plus bien rond

Assez quand même pour savoir
Que malgré tout mon bon vouloir
L'alcool m'attire dans les bas-fonds
Et me presse comme un citron

Je n'trouverai pas seul le chemin
Le chemin de la rédemption
J'aurais bien besoin de quelqu'un
Mais personne pour l'absolution

Ma bouteille pour seul compagnon
J'mets les bouts avec ma boubou
On s'enfouie, on s'enfonce au fond
De mes méandres dont elle se fout

Car elle se fout toujours de tout
Elle me pardonne et puis m'oublie
Elle m'enfuit mais pas qu'au mois d'aout
Comme la Doudou qui me sourit

Je suis rond, rond
Comme une queue d'pelle
Je suis rond
Bien rond comme celle
Qui va m'enterrer pour de bon

Je suis rond, rond
Comme un boudin
Je suis rond
Si rond qu'à la fin
Je roule mais ne tourne plus bien rond

Au fond du trou, je sais c'est con
Pas trop car j'suis complètement fou
Je suis rond et c'est bien bon
Même si je vois toujours tout flou

Tout flou le bout d'ma vie d'fripon
Au fond du trou la nuit m'sourit
J'irai rejoindre les gars sous l'pont
Avec les rats mais sans souris

Pourrissant au fond de mon trou
Avec mes vers sans ver de terre
Sans rien à boire et glou et glou
Allez chef…encore un verre

20. Il tétait une fois...

Il tétait une fois
Un petit être plein de vie
Un petit bonhomme plein de joie
Lorsque sa maman chantait ceci

Pompe tétine, ris aux éclats
Tonton, tantine sont en émoi
Maman, papa s'occupent de toi
Y a du soleil quand ton cœur bat

Et les années passèrent dans l'insouciance...

Il tétait d'une joie
Quand dans un petit potpourri
Que sa maman chantait parfois
Lui rappelait cette mélodie

Pompe tétine, ris aux éclats
Tonton, tantine sont en émoi
Même si ton enfance n'est plus là
Laisse le soleil entrer en toi

Mais tout bascula quand vint le jour où...

Il était un foie
Disons, un petit peu pourri
Après maintes et maintes gueules de bois
Ne distillait plus que les fruits

Pompe tétine, ris aux éclats
Mais après une bonne crise de foie
La crise de rire te laissera
Un gout amer sur ton foie gras

21. Crash-cœur pour elle

C'est le brouillis entre elle et moi
Trop plein de verres à moitié vides
Elle a bouilli, tout plaqué là
Son prochain verre sera d'l'acide
De la bouillie, d'la mort au rat

Et seul un vers me restera
Brouillon torché, violent, acide
Embrouillé bien plus que Nostra
Une toile de signes d'amours livides
Un tel fouillis entre elle et moi

Crash-cœur pour elle
Plus ou moins sans décibels
Violent infarctus
Indigestion du virus

Elle pose sur le bout de mes lèvres
Un baiser sulfureux d'arômes
Si bête à en devenir chèvre
J'en redemande dans mon sweet home
Où elle fait un travail d'orfèvre

Elle me fait courir comme un lièvre
Quand j'suis à sec de ses atomes
Elle me donne si souvent la fièvre
Sans elle je n'suis que le fantôme
De son royaume, ça me rend mièvre

Crash-cœur pour elle
Plus ou moins sans décibels
Violent infarctus
Indigestion du virus

Je suis son esclave pour la vie
Elle ne veut de moi que ma mort
Elle m'imbibe de toutes mes envies
Je n'peux me sortir de son sort
C'est une question de survie

Car de mon âme elle s'est servie
Même si je sais avoir eu tort
Un soir de pluie, je l'ai suivie
Lui offrant mon cœur et mon corps
La mort arrive sans préavis

22. Je suis tout feu tout flammes

Elle est mon ile, mais une presqu'ile
Presque trop belle, même rebelle
Tantôt on s'aime, tantôt on s'tire
À tire-d'aile, je suis son aile

J'me tiens au bout du pédoncule
Elle traverse et je m'amourache
Elle avance et puis je recule
Comment vous dire, j'crois qu'on s'attache

Quand je tombe amoureux, je plane
J'm'envole et je rêve d'irréel
J'succombe, je suis tout feu tout flammes
Mais le réveil sonne bien cruel

Elle peut me l'dire dans tous les sens
Qu'elle va m'aimer, m'aimer d'amour
Je n'lui ferai jamais offense
Je la laisserai m'tourner autour

Mais comment lui ferais-je confiance
Mon ile si souvent sous les vents
Flotte au milieu de l'inconscience
Soulevant le mauvais temps d'avant

Quand je tombe amoureux, je plane
J'm'envole et je rêve d'irréel
J'succombe, je suis tout feu tout flammes
Mais le réveil sonne bien cruel

Elle est mon ile, mais une presqu'ile
Presque trop belle, même si rebelle
Et puisqu'elle sème, je me l'enfile
En fille de l'air, elle s'fait la belle

Quand je tombe amoureux, je plane
J'm'envole, j'fais des rêves de cristal
J'succombe, je suis tout feu tout flammes
Mais le réveil fut si brutal

Que les vapeurs me furent fatales
Lorsque je découvris ma came
Je faillis en faire un scandale
Ma bouteille n'est pas une femme

23. Dis-le-moi

Je suis tombé en embuscade
Sur des gens que j'peux pas saquer
J'me suis enfilé en cascade
Du rhum, de la bière, du saké

Mais pas de femme, car la soirée
Était privée, pour se saouler
Entre hommes, privés d'femmes, quelle soirée !
Mais là, ça m'a vraiment saoulé

Alors j'me suis tiré à pied
J'n'ai pas pris ma tire, j'suis pas fou
J'ai fait une virée, c'est le pied
À genoux, servir le garde-fou

Mais il ne m'a rien commandé
J'ai voulu lui mettre un coup d'boules
Mais elles s'étaient décommandées
Devant la foule j'avais les boules

Enivré de tes parfums
Je sais, je n'suis pas très fin
Quand tu m'as mis au parfum
J'ai bien senti venir la fin

Aujourd'hui c'est bien fini
J'te joue plus la comédie
J'boirai plus un verre, promis
Parle-moi tout bas, mais dis…
Dis-moi ce que t'attends de moi
Dis-moi…si tu m'aimes encore
Dis-le-moi

Je suis porté sur la bouteille
Seulement celles à ma portée
Pour m'apporter un arc-en-ciel
Que toi ma belle t'as emporté

J'aurais besoin d'une lune de miel
À l'autel laisse-moi t'emporter
Pour t'apporter un autre ciel
Car je me suis mal comporté

Un autre arc-en-ciel

Aujourd'hui je ne picole plus
Je sors peu à peu de mon trou
J'fais des rêves sans alcool qui tue
Et je n'touche plus aux garde-fous

24. Reviens-moi ma chérie

J'ai rebooté ma vie
Mais pour combien de temps
Quand vivrais-je l'infini
Dans l'infiniment grand ?

Dans tes yeux de laser
J'vois enfin la lumière
Comme des feux, ces éclairs
M'éclairent de tes lumières

Ne saurais-je jamais
Oublier les « toujours » ?
Ne te verrais-je jamais
Dans mes bras au grand jour ?

Reviens-moi ma chérie
Sur mon lit, dans mon pieu
Reviens-moi je t'en prie
J'te ferai tout c'que tu veux

Reviens-moi mon amour
Dans mon lit, sur mon pieu
Reviens-moi pour toujours
J'te ferai l'amour le mieux

T'as bousculé ma vie
M'as sorti d'ce poison
Nos corps en harmonie
Maintenant au diapason

Sonnent à l'unisson
Et entrent en fusion
Se donnent des frissons
Oh, jusqu'à l'explosion

Ne t'aurais-je jamais
Pour moi et pour toujours ?
Ne pourrais-je jamais
Te voir au petit jour ?

Reviens-moi ma chérie
Sur mon lit, dans mon pieu
Reviens-moi je t'en prie
J'te ferai tout c'que tu veux

Reviens-moi mon amour
Dans mon lit, sur mon pieu
Reviens-moi pour toujours
J'te ferai l'amour le mieux

Reviens-moi ma chérie
Dans ma vie more and more
Mais reviens-moi j't'en prie
À la vie à l'amore !

25. L'amour c'est comme une eau-de-vie

L'amour c'est comme un alcool fort
Il vous prend la tête et le corps
Il fait frémir sous les papilles
Tous les gars et toutes les filles

L'amour c'est comme une eau-de-vie
Ça coule quand tu en as envie
Ça met le feu à ta mémoire
Pour bruler tout ton désespoir

L'amour secoue les coups du sort
Il vient se blottir dans ton lit
Il te fait vivre la folie
Tu en ressors un peu plus fort
L'alcool accorde la peine de mort
Il te poursuit au bout d'la nuit
T'en veux encore, il est maudit
C'n'est pas joli quand tu t'en sors
Si tu t'en sors

L'alcool c'est l'amour de ta vie
Mais ça, tu ne l'as pas compris
Ça t'fait du bien quand tu t'enfuis
Même quand tu croules sur le tapis

L'alcool dans un verre solitaire
T'emmènera jusqu'en enfer
L'amour dans un vers salutaire
T'apportera tout l'univers

L'amour secoue les coups du sort
Il vient se blottir dans ton lit
Il te fait vivre la folie
Tu en ressors un peu plus fort
L'alcool accorde la peine de mort
Il te poursuit au bout d'la nuit
T'en veux encore, il est maudit
C'n'est pas joli quand tu t'en sors
Si tu t'en sors

L'amour c'est mieux qu'un alcool fort
C'est un être humain à son bord
Une croisière à deux, dans les yeux
Puisqu'on n'a jamais trouvé mieux

L'amour c'est comme une eau-de-vie
Ça te tord les tripes et l'esprit
Plus c'est bon, plus t'en as envie
Plus c'est fort, plus tu es épris

L'amour secoue les coups du sort
Il vient se blottir dans ton lit
Il te fait vivre la folie
Tu en ressors un peu plus fort
L'alcool accorde la peine de mort
Il te poursuit au bout d'la nuit
T'en veux encore, il est maudit
C'n'est pas joli quand tu t'en sors
Si tu t'en sors

3ème Partie

Au Drugstar

u DrugStar est la suite de l'histoire imaginaire de Thiébault et de Carla, où Thiébault, bien rangé avec Carla, se laisse guider par ses fantasmes et ses addictions d'autrefois, jusqu'au trépas.

01 - Au DrugStar : C'est le lieu où tous les échanges sont possibles. À condition de ne pas se faire serrer. On y croise des stars du show-biz se passant un joint. Et les liens se tissent, quand les uns gémissent, les autres se glissent sous la peau lisse de tous les supplices et des injustices.

02 - À pieds joints dans le joint : Je me souviens avoir fait l'expérience de fumer un peu de marie-jeanne, mais aujourd'hui j'enfume Carla.

03 - Le triangle d'or : Les nuées d'opium enivrent les plus aguerris et je fantasme plonger dans le plus doux triangle et de m'y perdre avant qu'une prière vienne me sauver.

04 - Elle me fait tourner la tête : Je craque pour ma nana, mais le crack me rappelle à d'autres ébats, et j'en oublie que je suis sa proie.

05 - Au pays doux d'Alice : Alice, que j'ai rencontrée dans son pays merveilleux, se laisse séduire par mon charme dévastateur et par ma poudre blanche et s'enfarine les narines à s'en éclater le pif. Son mec s'amuse, alors pourquoi ne le ferait-elle pas aussi ? Et moi, Carla me manque de voyager trop loin de moi. Alors j'oublie Carla, le temps de sniffer à plein temps, à pleines narines, et de me consumer dans les bras doux d'Alice. Je suis aussi dégueulasse que son mec mais elle fait avec. Et survient le drame.

06 - Elle avait les mots : J'avais craqué pour elle, mais elle a craqué sur lui avant moi. Et le crack en a fait sa proie.

07 - LSD : Est-elle vraiment décédée ? Est-ce avec du LSD qu'elle s'est soignée comme je me soigne ? Est-elle vraiment partie ou c'est moi qui suis barré ? C'est à devenir fou.

08 - Pot de colle : Et totalement fou d'elle, je suis enfermé. Elle me colle et serré, je me sens paumé puisqu'elle n'est plus là. Est-elle dans ce pot de colle où je prends ma folie ?

09 - J'expire d'overdose : Certains y trouvent un réconfort, d'autres l'inspiration. Moi j'y ai trouvé la solution : y voir mourir mon corps dans le corps d'autres amantes, jusqu'à l'overdose.

10 - J'ai plongé dans l'Hérault : Et quel plongeon ! Vertigineux ! J'ai touché le fond et ne suis jamais remonté à la surface.

11 - Sniff : Qu'on le veuille ou non, on « sniff » tous un jour.

12 - Besoin d'une grande claque : La morale de cette histoire.

Je vous rappelle que la drogue c'est de la merde et que l'on peut vivre sans.

Drogue info service :

0 800 23 13 13

De 8H à 2H, 7j / 7

Appel anonyme et gratuit

www.drogues-info-service.fr

1. Au DrugStar

J'file au Drug boire un grog
Sous les stores y a des stars
Mais le gag, y a un bug
Quand la drogue, leur pétard
Fait la blague sur les blogs

Ça fume, ça fume, ça fume

Quand tu troques de la coke
Y a un truc, j'suis pas dupe
C'est d'la dope mais j'm'en moque
C'est d'époque et t'occupes
Si l'on croque tout ton stock

Te braques pas, j'ai du fric
Laisse ta clique et tes claques
Tes coups d'bec, tes coups d'pic
Les bonbecs dans mon sac
Sinon couac je te couic

J'te fume, j'te fume, j'te fume

Ne craque pas dans ton froc
Quand te traquent les flics
Toi le black du bloc
Quand leur cock a la trique
Ils te niquent, ils te fuckent

119

C'est le choc qui te plaque
Comme un bouc, une vieille bique
Comme un plouc dans une flaque
Ça fait floc et puis pouic
Qu'tu sois rebeu ou black

Je fume, je fume, je fume

Dans ta planque, t'es en manque
Tu t'barres dans un cafard
Alors tu sors ta langue
Au Drugstar tous les soirs
Tu t'défonces et tu banques

C'est la fête, c'est la foire
Tu flambes, tu te crois l'homme
Tu brules d'envies un soir
Tu t'consumes en consommes
Et grilles l'ultime espoir

Tu fumes, tu fumes, tu fumes

2. À pieds joints dans le joint

Je suis tombé en fumant un joint
D'avoir sauté dedans à pieds joints
Sur le trottoir quelle surprise, surprise
Allongé raide surpris d'une seule prise
C'était l'an dernier au mois de juin

Mais depuis ce jour je le méprise
Et le joint sur moi n'a plus d'emprise
Ma drogue aujourd'hui c'est ma conjointe
Puisque fou d'amour je l'ai rejointe
Puisque folle de moi elle est éprise

J'ai sauté à pieds joints dans le joint
C'était l'an dernier au mois de juin
Depuis je saute les yeux fermés
Ma conjointe avale la fumée
Au septième où elle me rejoint

3. Le triangle d'or

Dans les nuées d'opium
On nage en plein délire
Il flotte sur les hommes
Des envies, des désirs

Du plaisir maximum
Sans rien à en rougir
Et c'est au minimum
Une fesse à punir

Les fantasmes frissonnent
Tout le monde souhaite en jouir
Dans les fumées d'opium
Rien ne sert de rougir

Oh j'irais bien pêcher
Dans le triangle d'or
Pour quelques opiacés
Découvrir ses trésors
À quoi bon se morfondre
Et puis trainer son corps
Dans des ruelles sombres
De Londres ou de Francfort
Oh je plonge et m'inonde
Dans ce triangle d'or

Tombe la nuit sur mes jours
Tombe la pluie sur mes nuits
Sur mes joues la joie court
Sans contrôle sur l'envie

Et je jouis comme toujours
De la vie, des ennuis
Mais jamais par amour
Jamais quand j'ai envie

Vois-tu comme ce parfum
Goutte sur le cœur des femmes
Goute ce plaisir divin
Quand fragrance les pâme

Ressens-tu leur jouissance ?
Ouïs-tu gémir leur âme
Oui, tu sais faire offense
À « lune » de ces dames

Prennent-elles bien du plaisir
Ont-elles la petite flamme
Fais-les fondre de désir
Fais-les mourir aux larmes

Oh j'irais bien pécher
Dans leur triangle d'or
En quelques opiacés
Découvrir leurs trésors
À quoi bon sentir bon
Si je veux sentir fort
À quoi sert d'être bon
Si ce n'est être fort
Oh je plonge et m'inonde
Dans ce triangle d'or

Je connais nos raisons
De perdre la raison
Qui déconne sans raison
Vivra en oraisons

4. Elle me fait tourner la tête

Elle me fait tourner la tête
Elle est mon manège à moi
J'oublie ainsi mes défaites
J'en oublie aussi mon toit

Oh, je craque à mort
C'est un crack surprise
Et j'en croque à tort
En une seule prise

J'cuisine la galette
Là je suis le roi
Ça m'coute des pépettes
J'me dis j'n'ai pas l'choix

Oh, je flippe à mort
Et je temporise
C'est moi le plus fort
Et ça m'hypnotise

Elle me fait tourner la tête
C'est ma « Caroline » à moi
J'en oublie de faire la fête
Je m'oublie même parfois

Chassant le dragon
J'explose des barrières
Je chasse mes démons
Aux portes de l'enfer

Rien d'tel qu'un alu
Pour allumer l'ciel
Devant moi le salut
Repos éternel

Un coup de coca
Pour me délivrer
Il me survivra
C'est ma liberté

Elle me fait tourner la tête
C'est ma « Caroline » à moi
J'en oublie de faire la fête
Je m'oublie même parfois

Elle me fait tourner la tête
Mon manège à moi est roi
J'oublie combien je suis bête
D'oublier d'être sa proie

5. Au pays doux d'Alice

Alice hélas glisse
Lasse de voir dans la glace
Ses petits yeux qui plissent
Son allure sans grâce
Glisse sur la neige lisse
Où le piège prend place
Les nasaux se remplissent
Les oiseaux la remplacent

Il n'y a plus de merveilles
Au pays doux d'Alice
D'où chacun s'émerveille
Voir courir la police
Il n'y a que supplices
Sur les monts et merveilles
Et lasse se glisse Alice
Aux démons et merveilles

Alice est seule hélas
Heureux qui comme Ulysse
Son mec est à la chasse
Aux calices, c'est son vice
Son mec est dégueulasse
Dans d'autres orifices
La délaisse, se délasse
Goute à d'autres délices

Il n'y a plus de merveilles
Au pays doux d'Alice
Au pays d'où s'éveillent
Du sac de la malice
Des jambes de demoiselles
Ouvertes sur leur peau lisse
Couvertes de plus belle
De la plus belle pisse

Avant que s'accomplissent
Ses rêves de grands espaces
Elle souhaite que ses complices
Crack et blanche la trépasse

Il n'y a plus de merveilles
Au pays doux d'Alice
D'où chacun s'émerveille
Voir courir la police
Il n'y a que supplices
Sur les monts et merveilles
Quand ivre se livre Alice
Aux démons, les mères veillent

6. Elle avait les mots

Une belle personne
Toujours bien dans sa peau
Mordue de saxophone
Elle jouait sans accrocs

Des airs de charleston
Dans un style nouveau
Toujours ma peau frisonne
Je lui tire mon chapeau

Elle avait les mots
Mais tu sais ce crack
L'a rendue accro
Il l'a mise en vrac
Envolés les mots
Elle a eu des maux
Car tu sais de craques
En mauvais jeux d'mots
Elle était patraque
Et tu sais ces mots
Ils lui sonnaient faux

Elle est partie un soir
Sous une lune rousse
Partie dans un brouillard
À nous foutre la frousse

Comme on dit tôt ou tard
Avec la mort aux trousses
L'ennui et le cafard
Au suicide ça pousse

C'était de jolis mots
Glissés dans des poèmes
De jolis petits mots
Un soupçon de « Je t'aime »

Elle avait les mots
Mais tu sais ce crack
L'a rendue accro
Il l'a mise en vrac
Envolés les mots
Elle a eu des maux
Car tu sais de craques
En mauvais jeux d'mots
Elle était patraque
Et tu sais ces mots
Ils lui sonnaient faux

Depuis qu'elle est partie
Je ne pense qu'à elle
Je ne vis, je survis
Mes mots sont des mots d'elle

Les miens sont démodés
Les siens sont des modèles
Que je n'cesse de tisser
Sur la toile éternelle

Elle avait les mots
Mais avec ce crack
Les mots sonnaient faux
C'n'était que des craques
Oubliez ces mots
Ces mauvais jeux d'mots
Elle avait les mots
Il reste ces mots
Écoutez ces mots
Écoutez ses mots

7. LSD

LSD, céder
Est-ce décéder ?
Elle laisse des idées
De se trucider

LSD, céder
C'est n'plus décider
Elle laisse défoncer
Son corps, ses pensées

LSD, céder
Est-elle décédée
Elle laisse déchirée
Sa vie au monde entier

LSD, ma niaque
Mais est-ce démoniaque
D'adorer comme un maniaque
Le bad trip paranoïaque

LSD, montée
Est-elle démontée
Elle laisse dépasser
Elle gobe haut perchée

LSD, montée
Comment débrancher
Elle laisse décupler
Descente paniquée

LSD, céder
Est-elle décédée
Elle laisse déchirée
Sa vie au monde entier

8. Pot de colle

Lorsque la came isole
Les symboles s'emballent
Les timbales s'envolent
Au swing des cymbales

Je trimbale mes guiboles
Monté sur mes sandales
Je grimpe mes idoles
Sur un mur piédestal

C'est sûr, ma came m'isole
Comme une camisole
Et j'en ai tout un bol
Mais j'en ai ras-le-bol
Ma came est pot de colle
Quand aurais-je du bol

J'arrose tes roses noires
De ma mélancolie
De mon blues, mon cafard
Mais l'overdose me fuit

Je soule par désespoir
Quand ma psychose grandit
Dans la phobie du noir
Et ma psy cause folie

Je suis camé Léon
Couleur caméléon
Je n'ai jamais de bol
Quand j'en ai ras-le-bol
Dis-moi mon pot de colle
Quand aurais-je du bol

9. J'expire d'overdose

Quelques uns sémantèmes
Quand d'autres sémantiques
Puisque c'est à lexème
Qu'ils sèment dans le lexique

J'inspire in the nose
Ça m'inspire bien des choses
Disappeared in the nose
Ça transpire l'overdose

Dans mon kaléidoscope
Mes idées s'télescopent
Et dans mon horoscope
J'vois mon trombinoscope

J'inspire in the nose
Ça m'inspire bien des choses
Bien pire que d'autres, si j'ose
Je soupire overdose

Quelques uns s'aiment, en thème
Quand d'autres s'aimant, tiquent
Puisque c'est à l'extrême
Qu'ils s'aiment, et ça m'excite

J'inspire in the nose
Ça m'inspire bien des choses
Shakespeare entre autres, si j'ose
Que j'expire d'overdose

Suis-je ou ne suis-je pas ?
Ai-je l'air d'être cet être ?
La question n'se pose pas
Je peux l'être, peut-être,
Ou pas

10. J'ai plongé dans l'Hérault

Je crois être un héros
Quand je plonge dans l'Hérault
Mais je n'suis que zéro
Sur l'échelle des mots

Mon héroïne motive
Quand je la touche des lèvres
Quand ma langue salive
De l'aimer dans la fièvre

Je veux mordre la vie
Je veux tordre la mort
Mais la vie va sans bruit
Et je croque la mort

Je croque par mots entiers
Sur la toile des étoiles
Victime des opiacés
Je crois trouver le Graal

J'en oublie les mélos
Les cafards des placards
Et quand je suis accro
Je fume un gros pétard

J'suis accro à la vie
Je sais ça mort encore
La thanatomanie
M'érotise à mort

Aujourd'hui j'suis accro
À ma belle héroïne
D'elle, j'ai vraiment les crocs
C'n'est pas d'la « Blanche Hermine »

Ma conso s'est accrue
En fumée, en piqué
Et ma belle héroïne
En un mot m'a niqué

J'effeuille d'un pas ravi
Et dans un souffle d'or
J'effleure son paradis
Je cueille ses trésors

Mon héroïne blanche
Est vraiment stupéfiante
Elle gagne toutes les revanches
Et je deviens une fiente

J'ai plongé dans l'Hérault
Mais cette fois-ci zéro
Mon héroïne sans mot
N'a pas sauvé ma peau

11. Sniff

On est bien apprêté
On est prêt-à-porter
Le cœur plein d'âpreté
On est prêt à partir

Partant souvent seul sans les nôtres
Souvent partis avant les vôtres
Autant de bruit mais sans rien d'autre
Qu'un temps de pluie et tant d'amour

On avance doucement tête baissée
Ne voyant que l'bout de nos pieds
Le cortège enfin arrivé
Le cercueil est prisé autour

Et l'on sniffe, on inspire
On renifle, y a bien pire
La souffrance, on l'expire
On aimerait en guérir

On n'est pas vraiment prêt
On est plein d'à-peu-près
Passe la mort et après
On peut y réfléchir

De mise en boite en mise en bière
De mise en terre jusqu'en poussières
On passera tous au cimetière
C'est qui l'prochain, j'offre mon tour

Et l'on sniffe, on inspire
On renifle, y a bien pire
La souffrance, on l'expire
On aimerait en guérir

De mise en boite en mise en bière
De mise en terre jusqu'en poussières
On passera tous au cimetière
C'est la fin de notre parcours

On est bien apprêté
On est prêt-à-porter
Le cœur plein d'âpreté
Êtes-vous prêts à partir ?

12. Besoin d'une grande claque

Quand la drogue te drague
Non, ce n'est pas une blague
Tu la love sans dec
À t'en clouer le bec
Assume tes échecs

Quand la dope te dupe
Non, ce n'est pas les stups
Qui vont t'soigner comme doc
Quand tu tomberas en loque
Assume si ça te choque

C'est que des craques
Qu'on te bassine
Sur le crack
Et t'hallucines

Ça t'fout en vrac
Dans ton cloaque
T'as vraiment besoin
D'une grande claque

Quand tu manques une prise
Pschitt sur ta matière grise
Tu te métamorphoses
Vite il te faut ta dose
Pense à faire une pause

Quand tu t'ennuies un peu
Que t'aimerais être deux
Laisse tes plaisirs extrêmes
Écris de beaux poèmes
Pense à tous ceux qui t'aiment

…Fin de la partie

Je vous rappelle que la drogue c'est de la merde et que l'on peut vivre sans. Carla en subit les conséquences indirectes et s'en souviendra puisqu'elle aussi fut prise de « sniffs » en suivant le cortège d'un homme qu'elle aima profondément, dût-elle essuyer les revers que celui-ci lui infligea.

Table des matières

L'écolo 17

1.	L'écolo alcoolo	23
2.	L'eau	25
3.	La montée des eaux	26
4.	J'fais des bulles	27
5.	Le manque d'eau	28
6.	Étudiant écolo	29
7.	Le colibri	30
8.	Dans le stress de Paris	31
9.	Mets du soleil dans ton auto	33
10.	Je suis vent et soleil	34
11.	Notre Terre mère	36
12.	C'est bien l'homme qui prend la Terre	38
13.	Déconvenue	40
14.	Le printemps	41
15.	Mon arbre	42
16.	Mon saule amour	44
17.	La musique c'est la vie	46

L'alcoolo 51

1. L'alcoolo écolo 57
2. Mai Tai 59
3. J'suis pas saoul, j'peux conduire 61
4. Souvenirs éthyliques 63
5. Chef un p'tit verre 66
6. Y a du vent dans les voiles 68
7. Thiébault 70
8. Pause café 72
9. Stop 74
10. Je suis saoul 76
11. Mourir avec toi 78
12. J'peux pas dormir 80
13. Aux alcooliques anonymes 82
14. Comme une cagole 84
15. Oh oui, oui, je sais c'est moche 88
16. Ma rillette 90
17. Mon anniversaire 93
18. T'es Beaujolais 96
19. Je suis rond 98
20. Il tétait une fois… 101

21.	Crash-cœur pour elle	103
22.	Je suis tout feu tout flammes	105
23.	Dis-le-moi	107
24.	Reviens-moi ma chérie	109
25.	L'amour c'est comme une eau-de-vie	111

Au DrugStar 115

1.	Au DrugStar	119
2.	À pieds joints dans le joint	121
3.	Le triangle d'or	122
4.	Elle me fait tourner la tête	125
5.	Au pays doux d'Alice	127
6.	Elle avait les mots	129
7.	LSD	132
8.	Pot de colle	134
9.	J'expire d'overdose	136
10.	J'ai plongé dans l'Hérault	138
11.	Sniff	140
12.	Besoin d'une grande claque	142

Alcool info service :
0 980 980 930
De 8H à 2H, 7j / 7
Appel anonyme et non surtaxé
https://www.alcool-info-service.fr/

Violences Femmes Info : 3919
Écoute, informe et oriente les femmes victimes de violences, ainsi que les témoins de violences faites à des femmes.
Traite les violences physiques, verbales ou psychologiques, à la maison ou au travail, et de toute nature (dont les harcèlements sexuels, les coups et blessures et les viols).
Ne traite pas les situations d'urgence (ce n'est pas un service de police ou de gendarmerie. Si besoin urgent, contacter le 17 ou le 112).
Par téléphone :
39 19 (appel gratuit depuis un téléphone fixe ou mobile)
Ouvert 24h sur 24 et 7 jours sur 7
Appel anonyme
Appel ne figurant pas sur les factures de téléphone

Drogue info service :
0 800 23 13 13
De 8H à 2H, 7j / 7
Appel anonyme et gratuit
www.drogues-info-service.fr

Pour les 12 / 25 ans :
Le fil santé jeunes : 0800 235 236
De 9H à 13H et de 14H à 18H, 7j / 7
Appel anonyme et gratuit

Remerciements

Je remercie la sagesse des années pour me donner la liberté et la bienveillance de mes propos.

Je remercie Anne-France Badaoui pour toute l'attention qu'elle porte à mes textes comme toujours depuis mes débuts.

Je vous remercie chers lecteurs pour vos encouragements. N'hésitez pas à faire découvrir mes livres auprès de vos amis et sur les réseaux sociaux. Je compte sur vous.

Vous pouvez me joindre à cette adresse : Jean-Mi-Aube@hotmail.fr pour me poser vos questions.

Pensez à donner votre avis sur le site où vous l'avez acheté ou à votre libraire.

Du même auteur

Série Mary, recueils de poésies romantiques (De juin à septembre 2021) :

- Mary tome 1 : 50 Ça te tente
- Mary tome 2 : 51 Dans l'eau
- Mary tome 3 : Un entredeux entre deux âges

Voyage Interplanétaire Érotico-Poétique (Octobre 2021)